SUITE

D'ESTAMPES

POUR SERVIR A L'HISTOIRE DES MŒURS

ET DU COSTUME DES FRANÇOIS

dans le dix-huitième Siecle.

ANNÉE 1775.

A PARIS,

DE L'IMPRIMERIE DE PRAULT, IMPRIMEUR DU ROY.

M DCC LXXV.

DISCOURS PRÉLIMINAIRE.

» DANS les Pays où les Femmes vivent avec les Hommes, l'envie qu'elles
» ont de plaire, & le défir qu'on a de leur plaire auffi, font que l'on change
» continuellement de manieres. Les deux Sexes fe gâtent; ils perdent l'un &
» l'autre leur qualité diftinctive & effentielle; il fe met un arbitraire dans ce
» qui étoit abfolu, & les manieres changent tous les jours.

Efprit des Loix.

Cette inftabilité dans les manieres, eft plus remarquable chez les François
que partout ailleurs. Le bon goût reconnu de cette Nation, l'a rendue l'arbitre
& le modele de toute l'Europe pour les Modes des habillemens; & on commence
à l'imiter dans la façon de vivre.

Il arrive fouvent que penfant fuivre les Modes françoifes, l'Étranger n'eft que
l'efclave du goût & de l'imagination du Tapiffier, ou des Marchands de Paris
auxquels il adreffe fes commiffions.

Les Peintres, les Comédiens, tous les Artiftes, foit nos Contemporains, foit
de la poftérité, ne peuvent éviter une infinité de méprifes, faute d'un ouvrage
qu'on puiffe appeller *le Code des Modes & des Manieres*. Des annales fideles des
manieres françoifes, peuvent feules remplir cet objet.

Aucune matiere peut-être, n'eft moins fufceptible d'être préfentée avec clarté
dans un ouvrage de raifonnement. Ici tout doit être en action, il faut parler
aux yeux : une figure bien faite en dira beaucoup plus que les defcriptions les
mieux foignées & les plus détaillées.

Ces réflexions nous ont déterminés à faire graver des Deffeins, à l'exécution
defquels a préfidé un Amateur des Arts. Les variations dans les Modes & les
manieres françoifes, feront confignées dans cette Collection, & les Étrangers
pourront, ainfi que la poftérité, y puifer des renfeignemens fûrs.

Dans ces Eftampes, les Modes de notre Nation feront exactement obfervées,
tant pour les ameublemens & les fites des fcènes, que pour les habillemens des
perfonnages. Les ufages & les manieres des gens du bon ton, y feront exprimés
dans les attitudes & les actions qui forment le fujet de chaque compofition.
Ces actions feront développées & détaillées dans une explication particuliere.

Nous devons ici témoigner nos regrets fur la néceffité où nous avons été de choifir nos fujets dans une claffe d'Hommes, d'après lefquels il ne faut pas juger des mœurs générales de la Nation. La France, & Paris lui-même, font remplis de gens vertueux & de familles honnêtes, dans le fein defquelles nous euffions en vain cherché à puifer des fujets propres à remplir notre but. L'auftere raifon n'eft pas compatible avec cette frénéfie dont font tranfportés ceux que la Mode foumet à fon empire ; la monotonie d'un ménage honnête & tranquille, comme il s'en trouve par-tout, n'apprenant rien à nos Lecteurs, ne nous eût fourni que des fujets faftidieux, dans un ouvrage qui n'a proprement pour objet, ni le vice, ni la vertu. Le vice, d'ailleurs, ne peut infpirer que de la haine, quelques féduifans que foient les dehors fous lefquels il fe préfente.

Il ne nous reftoit donc à mettre en fcène que des Femmes galantes, & cette efpece d'Hommes aimables qu'on nomme *élégans & petits Maîtres*. C'eft leur Coftume que nous devons indiquer en voulant tracer l'hiftoire des Modes ; c'eft de leurs manieres que nous avons entrepris de faire le tableau. Au déré-glement des mœurs près, c'eft celui de la Nation, auquel on ne peut reprocher que d'être un peu chargé.

Si la connoiffance des coutumes, des ufages, des Modes des anciens Peuples, nous avoient été tranfmifes avec les excellens ouvrages qui ont vaincu l'effort deftructeur des tems, nous n'aurions pas à nous plaindre des obfcurités qui nous en dérobent plufieurs beautés. (*) Nous ofons préfumer que notre entre-prife jettera un nouveau jour fur l'Hiftoire, les ouvrages dramatiques & la plupart des productions littéraires de ce fiécle. Les Poëtes, les Hiftoriens, les Comédiens de nos Neveux, confulteront nos Eftampes qui leur feront auffi utiles qu'elles pourront, à d'autres égards, l'être à nos Contemporains.

(*) Tout ce qui appartient aux ufages, aux détails de la vie domeftique, aux fineffes du langage familier, devient prefque au bout d'un fiécle, inintelligible pour quiconque veut avoir des connoiffances diftinctes d'une langue & d'une Nation. Nous entendons affez bien Virgile, Horace dans fes Odes ; & Plaute a beaucoup d'endroits qui font le défefpoir des Traducteurs & des Commentateurs. Que quelqu'un parmi les Romains, eût conçu le projet que nous publions, fon ouvrage auroit paru peu intéreffant à fes Contemporains ; mais quelles obligations ne lui aurions-nous pas ? Tout homme pénétré de fes devoirs, les étend au-delà du terme ordinaire. Ce n'eft pas affez de fe rendre utile à la génération préfente ; nous devons chercher à faire le bien de la poftérité ; & nous ofons penfer que cette bagatelle pourra lui donner quelques lumieres fur le tems où nous vivons.

Ce premier Cahier contient douze Eſtampes, qui préſentent les Modes de 1773 & 1774. Quelques obſtacles que nous avons éprouvés dans leur exécution, en ont retardé la publication, & laiſſent quelque choſe à déſirer pour leur perfection. Nous eſpérons que la ſuite ſemblable, à laquelle on travaille dès-à-préſent, réunira tous les ſuffrages, tant pour la correction du deſſin, la beauté de la gravure, que pour l'exactitude & la préciſion. Nous nous attacherons particulierement à y préſenter d'une maniere ſatisfaiſante, les Modes des coëffures & des habillemens.

On ſouſcrit, pour le deuxiéme Cahier de douze Eſtampes, qui paroîtra dans les premiers mois de 1776, chez M. EBERTS, Banquier, Place des Victoires.

Le prix de la Souſcription eſt de 30 liv.

Ceux qui n'auront pas ſouſcrit avant le 30 Juin de cette année, payeront 36 liv.

Les Epreuves ſeront délivrées ſuivant l'ordre de la date des ſouſcriptions ; ainſi les premiers ſouſcrivans auront les premieres Epreuves. On publiera la liſte des Souſcripteurs qui conſentiront à être nommés.

On délivrera aux Souſcripteurs les explications & les anecdotes relatives à ces Eſtampes. Elles ſeront imprimées ſur papier de même format ; ce qui rendra cette Collection propre à entrer dans les Bibliothéques.

LE LEVER.

Tu chasses le plus doux sommeil,
Par des songes charmants mon âme était flatée.
Je détestais mon réveil,
Si tes caresses, Galatée

Et couronnant mon désir,
Ne consoloient mon tendre cœur
Est-ce plaisir, est-ce martyre?
Ah! je ne sais, mais j'aime mon erreur

J.H.F. inv. et Freudeberg del.

A. Romanet Sculp. 1774.

A Paris chez Buldet rue de Gevres.

LE LEVER.

Nos petites maitresses se lévent très-tard, & leurs nuits n'en sont pas plus longues. A minuit on commence les parties de jeu, on reçoit la visite d'une foule d'oisifs qui viennent, disent-ils, *passer la soirée.* C'est l'heure des plaisirs de la société : la journée s'est écoulée en toilette, aux spectacles, dans les repas ; on se réunit, on forme cercle quand le lendemain s'annonce. L'après-souper est le moment le plus intéressant ; c'est celui où toutes les Femmes sont belles, où le rouge factice l'emporte sur les couleurs de la nature, où les diamants jouissent de tout leur éclat. Cet usage sans doute a pris sa source dans la justice qu'ont sû se rendre les Femmes auxquelles le miroir a conseillé de fuir le jour.

Quoiqu'il soit midi sonné, la jeune Églé, étendue mollement sur un lit somptueux, ne s'arrache qu'avec regret des bras du sommeil. Un rêve intéressant flattoit agréablement sa pensée. Les songes d'une Femme jolie & sensible, ne peuvent être que des songes charmants. Églé goûtoit la présence d'un objet chéri ; une douce illusion lui offroit tous les plaisirs de la réalité, en lui sauvant l'embarras de se défendre & la honte de s'être rendue. Il est si doux de s'occuper encore d'un rêve qui a paru délicieux ! son souvenir prête des charmes aux innocentes caresses de la jeune Galatée qui s'empresse à la servir. Les plaisirs de l'imagination ont leur prix : Heureuse Églé, si tu t'en tiens-là, & si ton cœur sait se défendre des impressions dangereuses du songe qui t'a peut-être ravi la tranquillité !

LE BAIN.
De la Lettre ou du Chocolat   J'ai le cœur bien plus délicat
Que préfère Madame? Ah ma chère Juline,   Plus foible infiniment hélas que la pomme
J.H.F. inv. St. Freudeberg del.   A. de Romanet, sculp. 1774
A Paris chez Baldet rue de Gesvres.

LE BAIN.

Il suffit de dire que Doris est une Femme de qualité, & on se persuadera sans peine que sa santé est, on ne peut pas plus, délicate. Elle prend donc les bains pour sa santé, & en même temps elle n'est point fâchée de la fraîcheur que le Bain procure au teint d'une jolie Femme. Doris attend avec impatience un billet doux dont le retard la rend malade *à mourir.* Elle boude, elle a de l'humeur, elle querelle ses Femmes qui ne font rien à sa fantaisie. Elle a sonné cent fois pour son chocolat, il arrive enfin. L'adroite Justine, qui connoît tous les secrets de sa Maîtresse, apporte le déjeûner d'une main, & tient de l'autre le poulet tant désiré. On oublie bientôt tous ses chagrins, on ne pense plus aux besoins de la santé, à ceux de l'estomac. Le meilleur restaurant, c'est la Lettre. Sortons du Bain, dit Doris en s'élançant vers Justine ; je ne sais s'il rafraîchit la peau, mais il ne peut calmer les inquiétudes de l'esprit & les désirs du cœur.

Le Billet est lû, dévoré, on le trouve charmant. On adore celui qui l'envoie. Dans peu de jours ce sera un homme maussade, assommant, dont on ne peut se défaire. Ses lettres paroîtront d'un fade & d'une monotonie insupportables. Les Femmes, dit-on, ne sont constantes que dans leur inconstance. On se trompe sans doute : l'erreur vient de ce qu'on nomme amour ce qui n'est pour elles qu'un amusement & une occupation passagere. Hommes du jour ! sachez inspirer un amour véritable, & vous trouverez ces mêmes Femmes, dont vous vous plaignez, tendres, discretes & fideles.

LA TOILETTE.

Papillon voltigeant de toilette en toilette,   Et la maîtresse & la soubrette,
L'Homme à la mode veut captiver à la fois   Et ces amans du jour se tromperont tous trois.

J. M. E. mr. S. Fontebers del.   A Paris chez Buldet rue de Gesvres.   Voyez l'ainé Sculp. 1774

LA TOILETTE.

» On prétend fort injustement que les Femmes ne sont point capables de s'ap-
» pliquer & d'approfondir ; voyez-les occupées à se parer ; perdent-elles un
» moment de vue leur objet ? y emploient-elles moins de temps & de soins
» qu'il n'est nécessaire ? n'épuisent-elles pas tous les rapports & toutes les propor-
» tions ? Combien n'en trouveroit-on pas qui se laisseroient tuer comme Archi-
» méde, sans sentir le coup, lorsqu'elles sont attentives à quelques nouveaux
» problêmes de Toilette, & qu'elles emploient toutes les méthodes pour les
» mettre en pratique !   PREVOST.

Il étoit réservé à ce siécle de réduire l'art de la coëffure, en corps d'ouvrage,
& d'en former un traité dans toutes les régles. Céphise le consultoit, quand
Ergaste, sur le cœur duquel elle a des droits, s'est présenté à sa Toilette. Les
nouvelles du jour les plus intéressantes, le récit des changemens arrivés la veille
dans l'empire des Amours, rien ne peut l'arracher à sa lecture. Son application
est favorable aux vues du jeune Marquis, auquel la Soubrette a inspiré ce que
les gens du bon ton nomment *un Caprice*. Leurs signes indiquent assez qu'ils sont
d'intelligence. La sécurité de Céphise n'empêchera pas cette Belle de lui rendre
le change ; peut-être aussi feint-elle de ne pas s'appercevoir de ce qui se passe.
Quand nous sommes las d'aimer, nous sommes bien aises qu'on nous deviênne
infideles, pour nous dégager de notre fidélité.

LA PROMENADE DU MATIN

Belles, qui le matin d'une gaze voilées,
Prenez le frais des Boulevards,
L'Amour en tapinois est dans les contr'allées,
Qui sur vous fixe ses regards ;

Un Abbé plus modeste, en baissant la paupiere
Fait croire qu'il n'y touche pas,
Mais il sait à propos gagner la Bouquetiere,
Pour oser de plus pres admirer vos appas.

J. H. F. inv. S. Freudebergs del.
Lingée Sculp. 1774.
A Paris chez Baldet rue de Gevres.

LA PROMENADE DU MATIN.

INUTILEMENT on eût recommandé à nos jeunes Beautés, l'exercice de la Promenade, ſi la Mode ne s'en étoit mêlée. On a *tronchiné*, parce que la Coquetterie y trouvoit ſon compte. La Toilette du négligé eſt un rafinement de l'art de plaire. Une taille fine & déliée, ne craint point de ſe montrer en *Caraqueau*; telle autre eſt mieux ſous la robe *à la Polonoiſe* & le mantelet *bridé*. L'ombre d'une ample *Calêche*, rend plus piquants, les attraits qui redoutent l'éclat du jour. Une belle main s'arrondit ſur une canne qui n'a pas d'autre uſage ; frêle ornement, que prennent à regret ceux auxquels il devient un ſoutien néceſſaire.

Julie & ſa *bonne Amie*, ſont convenues de *s'excéder* par une Promenade qui ſans l'empire de la Mode, auroit été incompatible avec la *prodigieuſe ſenſibilité* de leurs nerfs. Un jeune Abbé eſt frappé de leurs tailles, de leur démarche : ces deux Beautés l'enchantent à la fois. Une Bouquetiere ne tarde pas à lui propoſer de leur offrir des fleurs. Ma chere Manon, toutes celles de la nature ne ſuffiroient pas pour exprimer ce que ces Divinités me font éprouver, quand le langage des *Selams* (*) leur ſeroit connu. — M. l'Abbé, que voulez-vous dire ? — Tiens, mon adorable, oublie cet habit que je porte ſeulement par contenance ; j'ai un cœur, ſois-en l'interprete, & que... Flore a toujours été d'intelligence avec l'Amour, & ſans doute, graces à l'adroite Meſſagere, M l'Abbé aura, à cette Promenade, étendu la ſphere de ſes connoiſſances.

(*) Un Bouquet envoyé par un Turc à une jolie Femme, eſt quelquefois une Lettre d'amour. La Roſe & le Jaſmin ſont autant d'expreſſions qui ont chacune leur ſens propre. C'eſt la langue des Amants, dans un Pays où ſouvent ils ne peuvent ſe faire entendre autrement.

LE BOUDOIR

N'entrez pas... de vos avantages   Du moins laissez à vos ouvrages
Ne pouvez-vous de loin, à votre aise jouir   Le talent heureux d'endormir.

J.H. inv.   S. Freudeberg del.   P. Malœuvre Sculp. 1774
A Paris chez Buldet rue de Gesvres.

LE BOUDOIR.

De tout temps l'Homme a dû, par fois, chercher la folitude. Plus les Sociétés font devenues bruyantes, plus ce befoin s'eft fait fentir. Il faut réfléchir fur le paffé, penfer à l'avenir, méditer fur fes affaires. Eh ! pourquoi nos jolies Femmes n'auroient-elles pas les leurs ? les foins de leur empire n'exigent-ils pas quelquefois qu'elles emploient les refforts de la Politique la plus raffinée ? les Modernes ont donné le nom de *Boudoir* à un Cabinet élégant, où les Belles facrifient quelques moments à la retraite. Le cœur feul choifit la compagnie qui a le droit d'y pénétrer. Cette prérogative eft celle de l'Amant chéri & de l'Amie de confiance.

Loin du tourbillon, livrée à elle-même dans un Boudoir où tout refpire la volupté, Cydalife nonchalamment étendue fur une ottomane, s'entretenoit d'idées agréables. Sûre d'être aimée, une douce langueur s'eft bientôt emparée de fes fens, & l'a difpofée au fommeil. Les armes qu'elle a choifies pour le combattre, n'ont fait que l'exciter, & une brochure dont la veille elle avoit reçu l'hommage, a achevé le triomphe de Morphée. Raifonner, & fur-tout dans un livre, eft un moyen peu fûr de plaire au beau Sexe. Un jeune Auteur épris de Cydalife n'en connoiffoit pas d'autre. La Soubrette inftruite de tous les fecrets de fa Maîtreffe, intraitable aux gens d'efprit, repouffe l'Amant littérateur qui avoit pénétré jufques à la porte du Boudoir. Un Financier eût pû adoucir l'humeur revêche de la Chambriere ; notre Auteur, pour cette fois, eut le chagrin de voir qu'il ne pouvoit pas plus fe faire écouter que fe faire lire.

L'OCCUPATION

Cette Veste, ou le goût a mis son art galant,
De l'Amour est-elle un présent?

Non, Charmante Thisbé, je n'ai point de maîtresse,
Mais j'ai devant les yeux un objet séduisant
Qui me fera connoître la tendresse.

J.H.E. inv. S. Freudeberg del.   Linget Sculp.
A Paris chez Buldet rue de Gesvres

L'OCCUPATION.

Une Coquette rougiroit que le travail, auquel ses mains délicates veulent bien se prêter, eût un objet d'utilité qui la pût faire soupçonner d'être ce qu'on appelle *une bonne ménagere*. On laisse cela aux gens de basse condition ; car combien n'y a-t-il pas de Coquettes dans la Bourgeoisie ? on fait des nœuds, du filet ; on brode au tambour, au métier. Regardez l'ouvrage qui attache si fortement Thisbé ; elle n'a point d'Amant : le hazard, une rupture imprévue laissent en ce moment son cœur sans occupation : *On peut trouver des Femmes qui n'ont jamais eu de galanterie, mais il est rare d'en trouver qui n'en aient eu qu'une.* Thisbé a des vues sur un jeune homme qui vient d'entrer dans le monde. Elle pense aux moyens de lui offrir, sans blesser la bienséance, une veste ornée par ses soins ; l'Amour, ou la Vanité qui souvent en tient lieu, conduisent son aiguille. L'apprentif petit-maître est venu lui présenter un bouquet, au moment qu'elle se livroit à ses idées. Thisbé est troublée, inquiete, quand elle apperçoit au Chevalier une veste dont la broderie lui semble *du dernier galant.* On est jaloux avant que d'être aimé, souvent avant que d'aimer soi-même. Aurois-je une rivale ! que je la hais ! quelle est l'audacieuse qui a osé s'emparer de ce cœur tout neuf qui m'étoit réservé ! . . . . — Monsieur sans doute a payé ce cadeau du plus tendre retour ? — Le Chevalier, enchanté de lui-même, ravi d'avoir triomphé de sa timidité, rempli des belles leçons de morale dont on meuble la tête de nos jeunes gens , s'applaudit d'une réponse qui l'engage sous les loix de Thisbé. Devenu son Amant par politesse, bientôt retenu dans ses chaînes par habitude, il finira par s'en degoûter, & peu fait encore au manége du monde, n'osera les rompre.

J. H. F. in. S. Fonbley. del.   Roger l'aine sculp. 1774.

5

A Paris chés Buldet rue de Gesvres.

LA VISITE INATTENDUE.

» Vous êtes bien folles, vous autres Femmes, de vouloir donner de la confif-
» tance à un fentiment auffi frivole & auffi paffager que l'Amour. Tout change
» dans la nature ; tout eft dans un flux continuel ; & vous voulez infpirer des
» feux conftans ! Et de quel droit prétendez-vous être aimées aujourd'hui, parce
» que vous l'étiez hier ? gardez donc le même vifage, le même âge, la même
» humeur : foyez toujours la même, & l'on vous aimera toujours, fi l'on peut.
» Mais changer fans ceffe, & vouloir toujours qu'on vous aime, ce n'eft pas
» chercher des cœurs conftans ; c'eft en chercher d'auffi changeans que vous.

J. J. Rousseau.

Oronte pouvoit tenir ce difcours à la tendre Chloris, qui avoit eu la foibleffe
de croire à fes fermens. Elle entre un jour chez fon perfide Amant fans fe faire
annoncer ; fon chien découvre un miftere fatal à fon cœur. Une robe de taffetas
prife dans la porte d'un cabinet d'alcove, lui apprend qu'elle a troublé un tête à
tête qu'elle ne foupçonnoit pas. Oronte, loin d'être affecté de fes reproches,
femble exiger qu'elle lui fache gré des foins qu'il a pris de lui cacher fon infidé-
lité. Il lui repréfente ce qu'il en coûte à un galant homme pour faire parler à
l'efprit le langage du cœur, & feindre des fentimens qu'il n'a plus : on doit
penfer qu'il n'aura pas réuffi à convaincre Chloris qu'elle lui doive de la recon-
noiffance. Mais à quoi fervent le défefpoir & la colere que temoigne une Femme
outragée ? c'eft un triomphe de plus pour l'amour-propre de celui qui n'eft plus
foumis à fes attraits : Chloris, dans la fécurité, eût peut-être joui long-tems encore d'un menfonge qui avoit pour elle le mérite de la réalité.

LES CONFIDENCES

Iris, dans le portrait que lui montre Julie,
Voit d'un amant chéri toute la perfidie :
Gardez vos jeunes cœurs de telle confidence,

Songez que le plaisir n'est qu'une douce erreur
L'illusion fait seule & bonheur & constance.
Amis, amans tout est trompeur

C. L. Lingée Sculp. 1774.

A Paris chez Baldet rue de Gonvrat.

LES CONFIDENCES.

LES Hommes ont d'étranges idées de l'honneur. On ne se pardonneroit pas de manquer à une parole donnée vaguement, on ne se permettroit pas le plus léger mensonge dans la circonstance la moins importante, & en amour on se fait un jeu du parjure. Un serment qu'on fait à une Femme sensible, influe sur toute sa vie, est pour elle une source de bonheur ou de peines, & on ne craint pas d'abuser de sa confiance. Un Homme qui a passé sa vie à tromper le beau Sexe, qui a porté le trouble dans le sein de plusieurs Familles, peut cependant être cité comme un modele de probité. Cette contradiction dans nos principes, auroit-elle pris sa source dans la conduite des Femmes elles-mêmes, & ce Sexe se seroit-il attiré tous ses malheurs?

Julie est venue, sans le savoir, plonger un poignard dans le sein de sa meilleure Amie. En attendant l'heure du spectacle, n'ayant rien de mieux à faire, les deux Belles se prodiguent mutuellement les protestations les plus tendres. Cette conversation amene nécessairement ces épanchemens, ces effusions de cœur qui ne mettent point de bornes à la confiance réciproque. Iris & Julie se racontent leurs amours. Bientôt elles se demandent à voir Lettres & Portraits. Julie céde la premiere. Un Homme à la mode qu'elle a vu chez son Amie lui a ravi son cœur, & les Billets les plus passionnés l'ont assurée du triomphe de ses charmes. Julie ne cessoit de répéter à son Amie, quel étoit l'excès de son bonheur : mais loin de partager ses ravissemens, l'infortunée Iris étoit plongée dans la douleur la plus profonde. Cette aventure éclaira à la fois deux Femmes abusées; le même Homme les courtisoit, & juroit à toutes deux, l'amour le plus tendre & une fidélité inviolable.

LA PROMENADE DU SOIR.

Jeunes Beautés qui fuyez l'esclavage,   Mais d'un Bouquet n'acceptez point l'hommage,
Vous pouvez écouter des propos séducteurs;   Souvent l'Amour s'est caché dans les fleurs.

J. H. F. inv. S. Freudeberg del.   Ingouf junior Sculp. 1774.
A Paris chez Buldet rue de Gesvres.

LA PROMENADE DU SOIR.

Un Homme galant, & un galant Homme font deux perfonnages bien différents. En prenant ces expreffions à la rigueur, elles font peut-être incompatibles. L'Homme galant ne paffe pas une demie-heure avec une Femme, fans lui dire au moins vingt fois qu'elle eft adorable : c'eft beaucoup s'il fe difpenfe de lui dire qu'il l'adore. Le plus fouvent ce font deux menfonges, & deux menfonges dangereux. Un galant Homme ne paffe pas ainfi fa vie à mentir. L'Homme galant s'y croit obligé ; c'eft pour lui un point d'honneur. Il eft auffi de fon devoir d'être un parjure, un féducteur, enfin celui qui a trompé à la fois *Iris* & *Julie*, & qui pendant qu'elles gémiffent enfemble, tâche d'ajouter à fes Conquêtes, celle de la jeune *Hortenfe*. La lifte des exploits d'un Homme galant, forme un chapitre des annales du vice ; fes titres les plus précieux font le catalogue de fes victimes, & les billets où on l'affure des fentimens qu'il a eu l'art d'infpirer fans jamais les reffentir.

Hortenfe, & une de fes Amies s'entretiennent des charmes d'une foirée qui les a attirées à la promenade. La Nature nous invite à la confiance. Quand nous confidérons fes bienfaits, notre ame peut-elle s'ouvrir aux foupçons, & craindre des noirceurs d'un être foumis à fon empire ? On a dit depuis long-temps que la Nature eft une bonne mere, dont les enfants ingrats ont oublié les leçons. Ne lui imputons pas les crimes de fes fils corrompus qu'elle méconnoît.

Notre Homme galant accofte Hortenfe, & fa Compagne : c'eft à la premiere qu'il adreffe fes hommages. Cette préférence allume dans le cœur de l'Amie d'Hortenfe un dépit, qui prépare à l'adroit féducteur, la gloire de cette nouvelle conquête. L'intérêt a été la fource de bien des défordres, l'amour-propre, & la vanité, ont peut-être caufé plus de malheurs encore à l'humanité.

LA SOIRÉE D'HYVER.

Prêchant ce Magistrat à la tête legere,   De vos discours sous cape il rit,
Qui connoit moins le Barreau que Cythére,   Recevant vos leçons il courtise Mélite ;
Tendre Fanny c'est perdre trop d'esprit :   De vos instructions voilà comme il profite.

H. ... m. F. ... Prudhon del.
Isquel Junior sculp. 1774
A Paris chez Buldet rue J. Georges.

LA SOIRÉE D'HIVER.

Le temps des Prudes eſt paſſé ; mais on raiſonne, on diſſerte beaucoup. Fanni a cette fureur ; mais en Philoſophe de vingt ans, elle choiſit ſes éleves. Il y a quelque plaiſir à dogmatiſer avec un jeune Préſident, grand, bien fait, dont la figure douce & prévenante annonce la docilité. Tel eſt le diſciple que Fanni entreprend de conduire dans le chemin de la vertu. Selon les apparences, elle ne déſire pas ſincérement d'en faire un homme auſtere, & ne cherche qu'à développer un agrément de plus, en faiſant parade de ſon eſprit.

Mélite emploie des moyens tous différens pour plaire. Peut-être plaît-elle ſans y penſer. Une gaité ſimple & naïve, une franchiſe qui ne lui permet pas même de voiler ſes défauts, une grande aiſance dans les manieres ; tout lui a valu la préférence ſur le cœur du Préſident, peu propre encore à tenter en amour des entrepriſes difficiles.

Fanni eſt amie de Mélite. Celle-ci, douce, complaiſante, *aiſée à vivre*, eſt ce qu'il faut à la belle Philoſophe. C'eſt, comme diſent les Peintres, *un repouſſoir* pour ſon eſprit. Le Préſident ne manque pas de venir en tiers les jours que ces deux amies ſe raſſemblent. Chacune des deux le voit avec plaiſir ; Mélite paſſe avec lui des ſoirées ſur leſquelles la médiſance n'a point de priſe ; & Fanni qui brûle de lui impoſer des chaînes, donne carriere à ſon eſprit dans ces converſations d'ailleurs cheres à ſon cœur. — Tu t'abuſes, Fanni, tu ne feras du Préſident, ni ton Amant, ni ton diſciple ; tes yeux n'auront pas ſur lui plus de pouvoir que ton éloquence.

Le Bal fait plus d'une méprise,
L'amoureux Damis à genoux
Croit baiser la main de Céphise,
Il trouve ce plaisir bien doux,

Mais c'est à Daphné qu'il en conte,
Il l'adora pour la trahir,
Bien souvent on trouve sa honte
Où l'on croit trouver son plaisir.

IL y avoit long-temps que Damis & Daphné, s'étoient pour la premiere fois dit qu'ils s'aimoient. Sans s'aimer on peut fe le dire ; on peut même être de bonne foi & le croire. De pareilles liaifons font plus douces, & quelquefois plus dura-bles. Il faut peu pour les rompre, moins encore pour les renouer. On fe prend fans favoir pourquoi, on fe quitte de même , & comme, entre Amans de cette efpece, il y a au moins quelque conformité d'humeur, le raccommodement eft facile. Les gens à grands fentimens concevront cela avec peine : mais veut-on faire de tous les Hommes des Héros de Roman ? qu'on nous traite d'êtres apathi-ques, fans énergie, fans caractere, à la bonne heure ; nous en avons, dites-vous, moins de plaifirs ; nous en éprouvons auffi bien moins de peines.

Damis avoit ceffé depuis quelque temps d'aller chez Daphné ; il n'y avoit point de brouilleries entr'eux. C'étoit négligence de la part de Damis ; fon temps s'étoit trouvé pris ailleurs. Il étoit difficile de reparoître devant cette Belle, après quinze jours d'abfence fans prétexte. Que faire de fon cœur quand on l'a repris, & quand on n'ofe le rendre ? Céphife a une taille élégante, un beau bras, l'efprit fémillant, la répartie vive ; Damis la fuit à un Bal, lui offre ce cœur qu'il avoit à placer, voit qu'on ne rejette point fon hommage, & s'enorgueillit déja de fa conquête. Céphife céde à fes follicitations, fon mafque tombe, fes attraits affurent fa victoire. Damis ne fe pofféde plus, jure à fes pieds un amour éternel, veut en imprimer le fceau fur une main que Céphife lui laiffe prendre. Il fe releve le plus heureux des hommes, preffant toujours une main fi chere. — O furprife étrange ! c'eft celle de Daphné que Céphife a fubftituée à la fienne. Interdit d'abord, notre Amant paffionné ne tarde pas à fe remettre ; Daphné reprend fon empire. On ne fait encore fi elle lui a pardonné par foibleffe, par amour, ou par vanité.

L. H. R. inv. J. Freudeberg del.

Gravé à l'Eau forte par Duclos
et terminé au Burin par Roger.

12

A Paris chez Buldet rue de Gesvres

LE COUCHER.

LE Soleil a depuis long-temps retiré ses rayons de notre hémisphere, quand Zélis veut se mettre au lit. Légere, inconséquente comme toutes les Femmes de son âge & *de son ton*, un mouvement difficile à expliquer lui a fait en ce moment jetter au feu des Billets, qui la veille avoient fait ses délices. Est-ce sa propre inconstance, ou celle de son Amant, qui l'ont portée à ce sacrifice ? Non, Zélis est aimée autant qu'elle est aimable ; elle est aussi constante en amour, qu'elle est étourdie dans ses démarches. Zélis est, de toutes les Coquettes, la plus sage, comme elle est la plus sensible. Mais cette Belle est exigeante, emportée ; la jalousie la transporte aisément. Un jour entier que son Amant a passé sans lui faire sa cour, a été pour elle un siecle de tourmens. Son imagination l'a vu aux pieds de cent Femmes ; elle le croit un traître, & le feu a détruit ses Lettres qu'avoient dictées les sentimens les plus vifs & les plus sinceres. Peut-être cet Amant infortuné a-t-il été éloigné de l'injuste Zélis, par l'envie de la défendre contre la Calomnie qui la déchiroit. Occupé de la justifier, l'intérêt de ce qui lui est cher l'a emporté sur le désir de voir l'objet de sa tendresse, & il a mieux aimé lui prouver qu'il l'aimoit, qu'aller le lui dire de nouveau. Zélis sera bientôt dédommagée de la nuit cruelle qu'elle va passer. Elle s'est préparé des regrets qui ne feront qu'augmenter le prix des nouveaux hommages de son Amant.

Lû & approuvé ce 15 Décembre 1774. CRÉBILLON.

Vû l'Approbation, permis d'imprimer ce 17 Décembre 1774. LENOIR.